SUSTAINABLE DEVELOPMENT GOALS 어린이가 꼭 알아야 할 지속가능발전목표

슬기로운 지구생활

07 굶지 않는 세상

글 새런 테일러 | 그림 엘리사 로치
옮김 김영선 | 감수 윤순진

다선
어린이

지속가능발전목표

다산북스는 유엔의 지속가능발전목표를 지지합니다.

2015년 유엔(UN, 국제연합)은 지구와 우리의 삶에 영향을 미치는 가장 심각한 문제들을 해결하기 위해 '지속가능발전목표'를 세웠어. '지속가능발전'이란 미래를 위해 환경을 보호하고 사회·경제적 자원을 낭비하지 않으면서 현재 우리 삶을 더 좋은 방향으로 발전시키는 것을 말해. 이를 위해 전 세계가 2016년부터 2030년까지 달성할 17가지 목표를 정한 거야. 지속가능발전목표는 국가뿐 아니라 시민 하나하나가 일상생활에서 노력해야 이룰 수 있어.

지구에서 굶주리는 사람이 없게 하려면 무엇을 해야 할까?

슬기로운 지구 생활을 위해!

- 누구나 1년 내내 안전하고 영양이 풍부한 음식 먹기.
- 5세 미만 어린이와 여성, 노인을 비롯해 모든 계층의 영양 결핍을 막기.
- 소농, 특히 여성 농부에 대한 지원을 늘리고, 농작물의 생산량과 수입을 더 높일 수 있도록 돕기.
- 생태계를 해치지 않으면서 땅의 질을 좋게 하는 지속 가능한 방법으로 농사짓기.
- 기후변화에 적응할 수 있는 농업 방식 사용하기.
- 동물뿐 아니라 씨앗과 식물의 다양성을 보호하기.
- 농산물의 가격이 안정되도록 조정하고, 전 세계 모든 농부가 편리하게 농산물을 팔 수 있도록 도와주기.

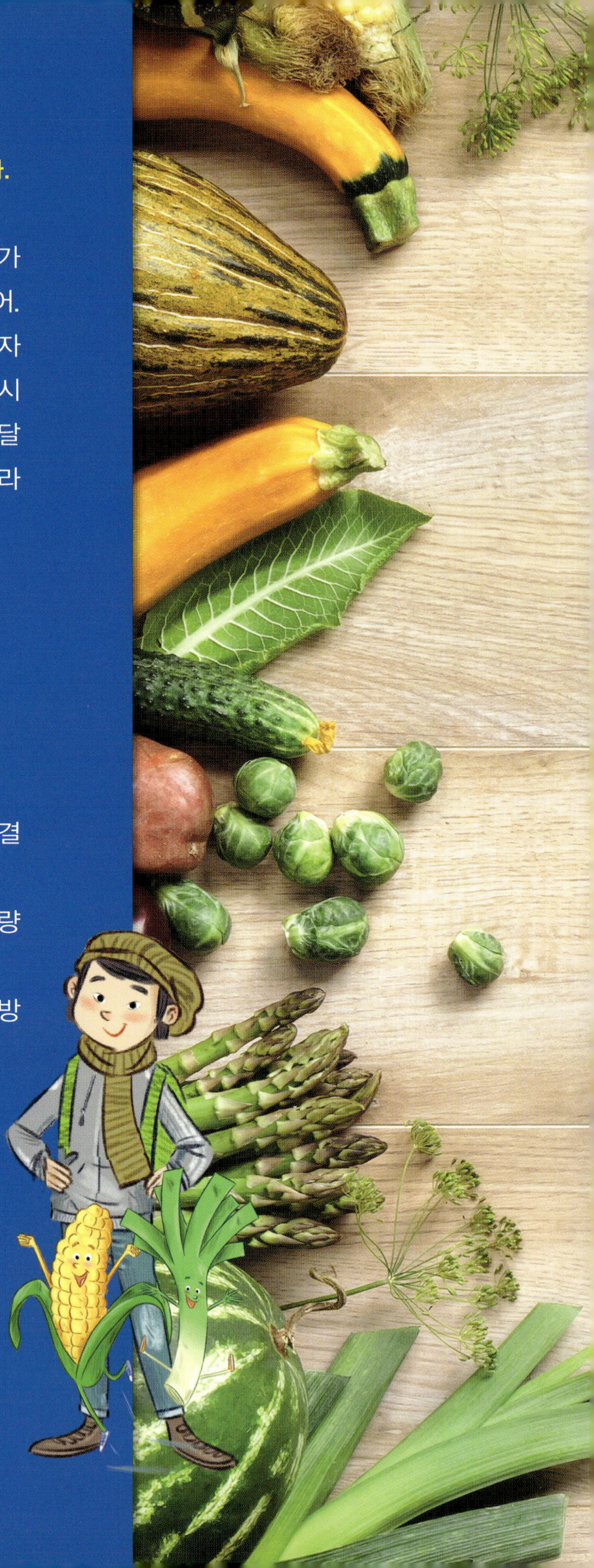

차례

6-7	생존에 필수적인 식량
8-9	건강한 식단
10-11	영양실조
12-13	비만도 문제야
14-15	기아의 원인
16-17	세계적인 문제
18-19	소농을 도와줘
20-21	새로운 농업 기술
22-23	지속 가능한 농업
24-25	논밭에서 식탁까지
26-27	음식물 쓰레기
28-29	벌과 씨앗
30-31	세계식량계획
32	성공적인 모범 사례
33	찾아보기

생존에 필수적인 식량

사람이 살기 위해서는 식량이 꼭 필요하지. 그러니까 먹는 것도 인간이 당연히 누려야 하는 권리, 즉 인권이야. 그런데 지금도 전 세계 인구 78억 명(2020년 기준) 중에서 6억 9,000만 명이 기아(굶주림)에 시달리고 있어. 세계인 중 약 9퍼센트가 충분히 먹지 못한다는 뜻이지.

기아는 한 사람이나 한 가족에만 영향을 미치는 게 아니야. 굶주리는 사람이 많으면 지역사회의 경제가 흔들리고 의료비도 늘어나지. 그리고 빈곤과 질병처럼 더 큰 문제로 이어지기 때문에 기아의 악순환을 하루빨리 끊어야 해.

아이들

굶주려서 영양분을 제대로 섭취하지 못한 아이는 학교에 다녀도 기운이 없어서 공부에 집중하지 못하고 수업 내용을 온전히 이해하기 힘들어. 제대로 교육받지 않으면 앞으로 사회에 나가서 누릴 기회가 줄어들 수밖에 없어. 안타깝게도 많은 나라에서 5세 미만 아이의 사망 원인 중 1위가 바로 영양실조와 기아란다.

가족

너무 가난하거나 나라에 전쟁이 일어나서, 또는 기후변화나 자연재해의 피해를 입어서 온 가족이 식량을 구하느라 애를 먹는 일이 세계 곳곳에서 일어나고 있어. 굶주리는 사람들에게 식량을 지급하려 해도 그 지역을 관리하는 조직이나 도로와 전기 등의 기반 시설이 없어서 도움을 주지 못하는 경우도 많아.

청소년

굶주리면 질병에 맞서 싸울 면역력이 떨어지기 마련이야. 한창 공부할 나이의 청소년이 병에 걸려서 몇 주나 몇 달, 심지어 몇 년 동안 학교에 가지 못하면 어떻게 될까? 학교교육을 제대로 받지 못하면 좋은 일자리를 구하기 힘들 거야. 그러면 영양가 있는 음식을 사 먹을 수 없을 정도로 가난해지겠지.

성인

어른도 충분히 먹지 못하면 힘을 낼 수가 없어. 힘이 없으면 일을 못 하고, 일을 못 하면 돈을 못 벌지. 그래서 자신은 물론이고 가족까지 가난에 빠지게 되는 거야.

어머니가 굶주리는 건 더 큰 문제야. 특히 임신 전이나 임신 중인 여성이 영양 결핍 상태가 되면 안전하게 아이를 낳기도 힘들고, 태어난 아기마저 영양이 결핍될 가능성이 크지. 아이를 출산한 다음 첫 몇 달 동안 엄마가 음식을 잘 먹지 못하면 아기의 영양 상태도 안 좋아져서 제대로 성장하기 어렵단다.

기아는 전 세계적인 문제이기 때문에 우리 모두 힘을 합쳐 해결해야 해.

제일 먼저 생각해야 할 것은 바로 식단이야.

건강한 식단

건강을 지키려면 우선 다양한 음식을 골고루 먹는 게 좋아. 영양소를 균형 있게 섭취하려면 식단에 신선한 과일과 채소, 탄수화물, 단백질, 지방, 섬유질, 미네랄 등이 골고루 포함되야 해. 물도 충분히 마셔야 하고.

음식을 골고루, 적당한 양을 섭취하지 못하면 몸에 꼭 필요한 영양분이 부족해서 건강이 나빠질 수 있어. 체중이 너무 줄거나 늘고 병에 걸리기도 쉽지.

물

몇 주 동안 아무것도 먹지 않아도 물만 충분히 마시면 살 수 있어. 사람 몸의 반 이상을 물이 차지하기 때문에 물이 없으면 단 며칠도 살아남기 어렵단다.

과일과 채소

세계보건기구(WHO)는 과일이나 채소를 하루에 다섯 번씩 먹으라고 권장하고 있어. 실제로 건강한 사람이 많은 나라들을 살펴보면, 사람들이 사는 곳과 가까운 지역에서 나는 신선한 식품을 먹는다는 공통점이 있어.

세계에서 가장 건강한 나라는 다음과 같아.
- 일본
- 이탈리아
- 스페인
- 이스라엘
- 프랑스
- 싱가포르
- 노르웨이
- 호주
- 아이슬란드
- 스위스

지방

자연식품에 들어 있는 지방은 우리가 활동하는 데 필요한 에너지를 주고 몸을 보호하는 역할을 해. 하지만 가공식품에 들어 있는 지방은 건강에 나쁘기 때문에 많이 먹지 않도록 조심하는 것이 좋아.

단백질

단백질은 근육과 내장, 피부와 뼈 등 우리 몸을 만드는 성분이야. 근육 등이 다치면 회복시키는 역할도 하지. 고기와 생선 같은 동물성 단백질과 견과류, 콩, 씨앗 같은 식물성 단백질을 골고루 먹는 것이 중요하단다.

탄수화물

탄수화물은 우리 몸에 필요한 에너지를 만드는 영양소야. 다당류 탄수화물은 곡류와 콩, 채소 등에 많고, 혈당이 느리게 상승하지. 반면 단당류 탄수화물은 많이 섭취하면 당뇨나 비만이 되기 쉽고, 사탕이나 케이크 등 가공식품에 많단다.

섬유질

섬유질은 음식의 소화를 돕고 배가 부른 느낌을 들게 하지. 쪼개거나 갈지 않은 통곡물과 과일, 채소, 콩, 견과류, 씨앗 등에 섬유질이 많이 들어 있어.

비타민과 미네랄

비타민은 면역력을 높이고 소화를 돕는 등 우리 몸의 기능을 조절하는 역할을 맡고 있어. 비타민 B와 C는 물에 녹는 수용성 비타민이고, 비타민 A와 D, E, K는 지방에 녹는 지용성 비타민이야.

칼륨, 마그네슘, 칼슘, 아연 같은 미네랄은 많이 섭취할 필요는 없지만 우리 몸이 정상적으로 작동하기 위해 없어서는 안 되는 영양소란다. 미네랄은 유제품과 견과류, 과일, 채소, 생선, 고기 등 다양한 음식에 들어 있어.

영양실조

2020년 기준으로 전 세계 인구 78억 명 중 6억 5,000만 명이 영양실조 상태였어. 그리고 성인 4억 6,200만 명과 5세 미만 아이 4,700만 명이 저체중이었지.

어린이 가운데 약 1,400만 명이 심각한 저체중이었고, 1억 4,400만 명은 또래에 비해 키가 작았어. 모두 제대로 먹지 못해서 평균치까지 자랄 수 없었던 거야.

 ## 영양이 부족할 때

영양이 부족하면 다음과 같은 현상이 나타난단다.

- 체력 저하 : 키에 비해 체중이 덜 나감
- 발육 부진 : 나이에 비해 키가 작음
- 저체중 : 나이에 비해 체중이 덜 나감
- 결핍 : 필수 비타민과 미네랄 부족

기아란 아주 심각한 영양실조 상태와 같아. 우리 몸은 너무 굶주리면 새로운 에너지를 얻지 못해서 몸에 저장해 놓은 에너지를 사용해. 그래서 몸이 금방 피곤하고 약해져서 질병에 쉽게 감염되고, 몸속 장기마저 제 기능을 하지 못하게 돼. 이 상태가 계속되면 결국 죽을 수도 있어.

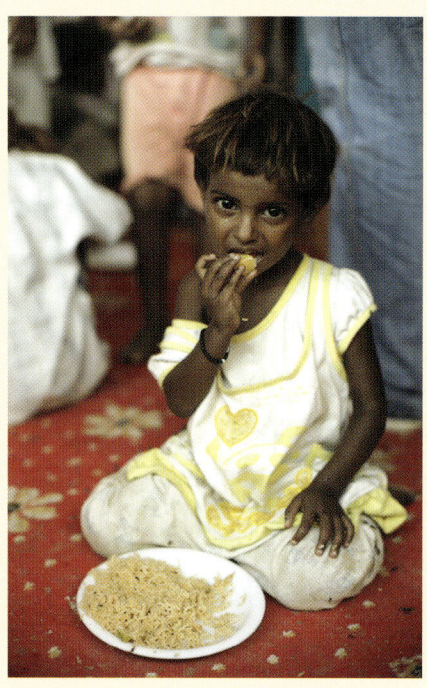

어떤 지역 전체에 식량이 너무 부족해서 수많은 사람이 굶주리고 심각한 질병에 시달리는 상황을 기근이라고 해. 현재 기근에 빠진 사람이 약 1,000만 명이나 되는데 그 수가 계속 증가하고 있어.

영양실조는 대개 가난한 국가에서 발생하지만 선진국에서도 가난한 사람들은 굶주림으로 고통받기도 해. 게다가 우울감과 높은 스트레스, 낮은 자존감과 외모 콤플렉스 때문에 잘 먹지 않고, 특히 살이 찔까 봐 너무 적게 먹어서 위험할 정도로 저체중에 이른 경우도 있어. 이처럼 먹는 것을 거부하거나 두려워하는 병적인 증상을 거식증이라고 해.

굶주림을 막기 위한 노력 셋

자선단체와 의료단체 등 여러 단체와 기구가 세계의 굶주림을 끝내기 위해 함께 노력하고 있어.

1. '굶주림에 맞서는 행동'이라는 뜻인 '액션 어게인스트 헝거(Action Against Hunger)'는 지구에서 기아를 없애기 위해 노력하는 자선단체야. 약 50개 나라에서 영양실조에 걸린 수백 만 아이들에게 좋은 음식과 깨끗한 물을 제공했단다.

2. 국제의료봉사단은 기근에 허덕이는 나라에서 긴급 의료 봉사활동을 펼치는 단체야. 영양실조가 더 늘지 않도록 지역 주민들에게 영양과 건강에 대한 교육도 실시하고 있어.

3. 패션 잡지나 패션쇼, 광고 등에 나오는 너무 마른 모델들을 보고 자신의 몸도 그에 맞춰야 한다고 생각하는 사람이 많아. 이 문제를 해결하기 위해 프랑스와 이탈리아, 미국, 영국의 의류업계는 건강에 문제가 있을 정도로 깡마른 모델은 활동하지 못하도록 모델들에게 건강증명서를 요구하고 있어. 스페인은 의류 매장에 두는 마네킹도 현실적인 몸매를 반영해야 한다는 법을 만들었지.

비만도 문제야

음식을 못 먹는 것도 문제지만 너무 많이 먹어도 건강에 좋지 않아. 현재 전 세계 성인 19억 명과 아동 3,300만 명이 과체중이거나 비만이야.

매년 4,700만 명 이상이 비만 때문에 죽는데, 대부분은 유럽과 북아메리카, 오세아니아 등 잘사는 나라 사람들이지.

❗ 비만도 영양이 부족할 수 있다고?

키에 비해 몸무게가 지나치게 많이 나가는 것을 과체중 또는 비만이라고 불러. 비만이면 몸에 지방이 너무 많이 쌓여서 건강에 빨간불이 켜지지.

너무 많이 먹고 운동을 안 하면 비만이 될 수 있어.

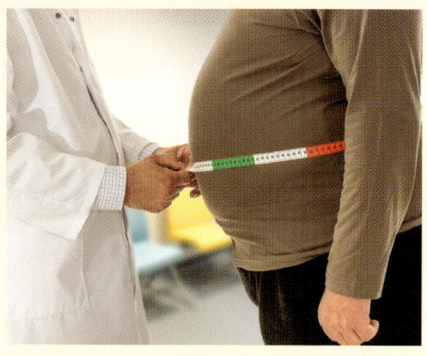

자신이 비만인지 알고 싶다면 몸무게(킬로그램)를 키(미터)의 제곱으로 나눠 봐. 이것을 체질량 지수라고 하는데, 아시아태평양 지역 성인의 경우 체질량 지수가 23이 넘으면 과체중이고, 25가 넘으면 비만이야.

비만인 사람도 영양이 부족한 상태일 수 있어. 음식을 골고루 먹지 않거나 몸에 안 좋은 음식 위주로 먹으면 정작 몸에 꼭 필요한 영양소가 부족할 수 있거든. 바누아투와 나우루, 통가 등 태평양의 섬나라는 식단이 지방이 많은 음식으로 이루어져서 비만인 사람들이 많아.

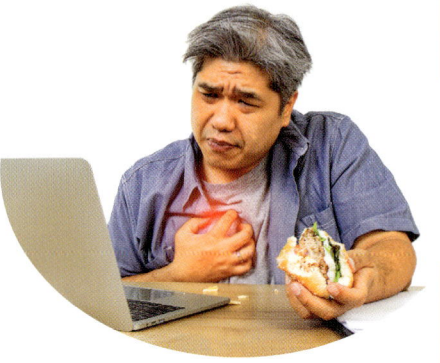

한 번 더 생각해 보기

식단이 건강하지 않거나 영양이 부족하거나 체질량 지수가 높거나 비만인 사람은 건강이 나빠져서 다음과 같은 병에 걸릴 가능성이 높아.

- 고혈압
- 암
- 당뇨병
- 심장질환
- 뇌졸중
- 골관절염

건강하지 않은 음식 때문에 생기는 질병은 의료 체계와 경제 모두에 부담을 많이 주는 세계적인 문제란다.

건강한 먹거리를 위한 노력 셋

건강하게 살고 싶다면 우선 먹는 것부터 신경 쓰자.

1. 2011년에 유럽연합 집행위원회는 모든 식품에 아래의 영양소가 얼마나 들어 있는지 표시하는 법을 만들었어. 이것을 영양성분 표시제라고 하지.
   - 칼로리
   - 포화지방과 총 지방
   - 탄수화물
   - 당류
   - 나트륨
   - 단백질

2. 2016년, 영국 요리사 제이미 올리버는 영국의 학협회와 함께 건강하지 않은 단 음료에 더 높은 세금을 매겨야 한다고 영국 정부를 설득했어. 이 뜻을 받아들인 법을 만든 결과, 음료 100밀리리터당 설탕이 5그램 이상 포함된 음료수의 가격이 높아졌지. 일부 회사는 세금을 피하기 위해 음료에 넣는 설탕의 양을 줄였어. 한편, 그렇게 하지 않은 회사들에게서 추가로 걷은 세금으로 초등학교의 체육 활동을 지원했단다.

3. 2016년 4월 1일, 유엔 총회는 2016~2025년을 '영양 개선을 위한 유엔의 실천 10개년'으로 정했어.

기아의 원인

홍수와 가뭄, 지진, 태풍 같은 자연재해를 비롯해 농작물의 수확량이 너무 적은 흉작, 산불처럼 기후변화로 인한 재난 그리고 전쟁과 분쟁처럼 사람 때문에 일어난 재난 모두 기아의 원인이 될 수 있어.

최근 미국과 호주는 산불로 엄청나게 넓은 땅이 파괴되었어. 유엔은 발육 부진을 겪는 어린이 가운데 80퍼센트 이상이 분쟁 지역에서 살고 있다고 밝혔지.

 ## 재난이 일어나면

갑자기 폭우가 내리면 심각한 홍수가 일어나고, 오랫동안 비가 내리지 않으면 가뭄이 발생해. 홍수와 가뭄은 농작물을 비롯한 모든 식물의 성장에 영향을 미치지. 식물이 제대로 자라지 못하면 가축과 사람 모두의 식량이 부족해져.

전쟁이 나면 국민을 지원하는 국가 시스템이 쉽게 무너질 수 있어. 도로와 농장이 파괴되고 회사와 공장이 문을 닫고 사람들이 많이 다칠 거야. 그러면 식량을 공급하거나 사고파는 것 자체가 불가능해져서 사람들이 굶주리고 기근이 발생할 가능성이 크단다.

재난이 발생하면 식료품이 부족해서 가격이 아주 많이 오를 수 있어. 때로는 나라에서 식량을 나눠 주기도 하지만 그 양이 충분하지 않지. 식량은 생존과 바로 연결되기 때문에 먹을 것이 너무 없거나 터무니없이 비싸면 사람들이 아주 예민해져서 갈등이 쉽게 일어나고 폭력 사태가 발생하고는 해.

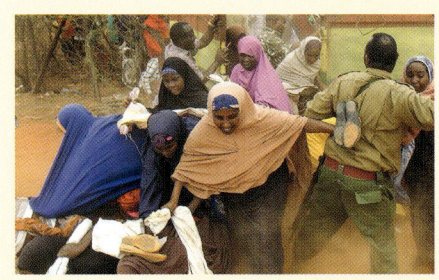

2020년, 엄청난 메뚜기 떼가 동아프리카의 여러 국가를 휩쓸었어. 메뚜기 떼는 지나가는 모든 곳의 식물과 작물을 먹어 치워서 몇 시간 만에 논밭 전체를 황폐하게 만들었지. 메뚜기는 1제곱킬로미터 안에 최대 8,000만 마리가 무리를 이루어 사람 3만 5,000명의 하루치 식량을 먹어 치울 수 있어. 국제구조위원회는 이 메뚜기 떼의 습격으로 최대 500만 명이 심각한 기이 상태에 빠졌다고 발표했어.

식량난 해결 방법 셋

모두 함께 노력하면
전 세계의 기아를 없애는 방법을
찾을 수 있을 거야.

1. 녹색기후기금은 농민이 기후변화에 잘 대처할 수 있도록 돕고 있어. 2019년부터 잠비아에서 농부 17만 명에게 기후 관련 문제와 기상 정보, 새로운 과학기술과 지속 가능한 농사법 등을 가르쳐 주고 있단다.

2. 전쟁이 일어나면 이기기 위해서 상대편 사람들을 굶주리게 만드는 전략을 쓰기도 해. 상대국의 논밭과 가축을 키우는 농장 등 식량과 관련된 시설을 공격 목표로 삼는 거야. 이에 2018년 5월 유엔안전보장이사회는 전쟁 중에 기아 문제를 일으키는 전술을 쓰지 못하도록 결의했지.

3. 케냐의 농부들은 메뚜기 떼의 습격에 맞설 방법을 찾아냈어. 메뚜기를 잡은 다음 으깨서 단백질이 풍부한 사료나 유기질 비료로 만드는 거야.

세계적인 문제

유엔은 전 세계 34개 나라에 식량이 부족한데, 이들 국가 중 80퍼센트가 아프리카에 있다고 발표했어.

지구 전체로 보면 78억(2020년 기준) 인구가 모두 충분히 먹을 만큼 식량이 생산되고 있어. 하지만 식량이 골고루 배분되지 않기 때문에 문제가 되는 거야.

굶주리는 사람들은 대부분 돈이 없어서 식량을 사지 못해. 농사짓는 땅을 사기는커녕 땅을 빌릴 돈도 없는 경우가 많아.

전 세계 인구가 예상대로 계속 증가하면 2050년에는 거의 100억 명이 될 거야. 앞으로 굶는 사람이 없도록 식량을 잘 나누는 방법을 빨리 찾아야 해.

다음의 나라들은 기아 인구가 줄었어.

- 아르메니아
- 아제르바이잔
- 조지아
- 가나
- 쿠웨이트
- 태국
- 베네수엘라
- 브라질
- 쿠바

2018년, 미국 성인의 30퍼센트 이상이 비만이야.

카리브해 지역 나라들은 인구의 16퍼센트 이상이 영양 결핍 상태지.

남아메리카와 카리브해 지역 국가들의 식량난이 날이 갈수록 더 심각해지고 있어. 2019년에는 4,700만 명 이상 굶주림을 겪은 것으로 추산됐어. 이 지역은 또한 건강한 식단을 꾸리는 데 드는 비용이 전 세계에서 가장 높아.

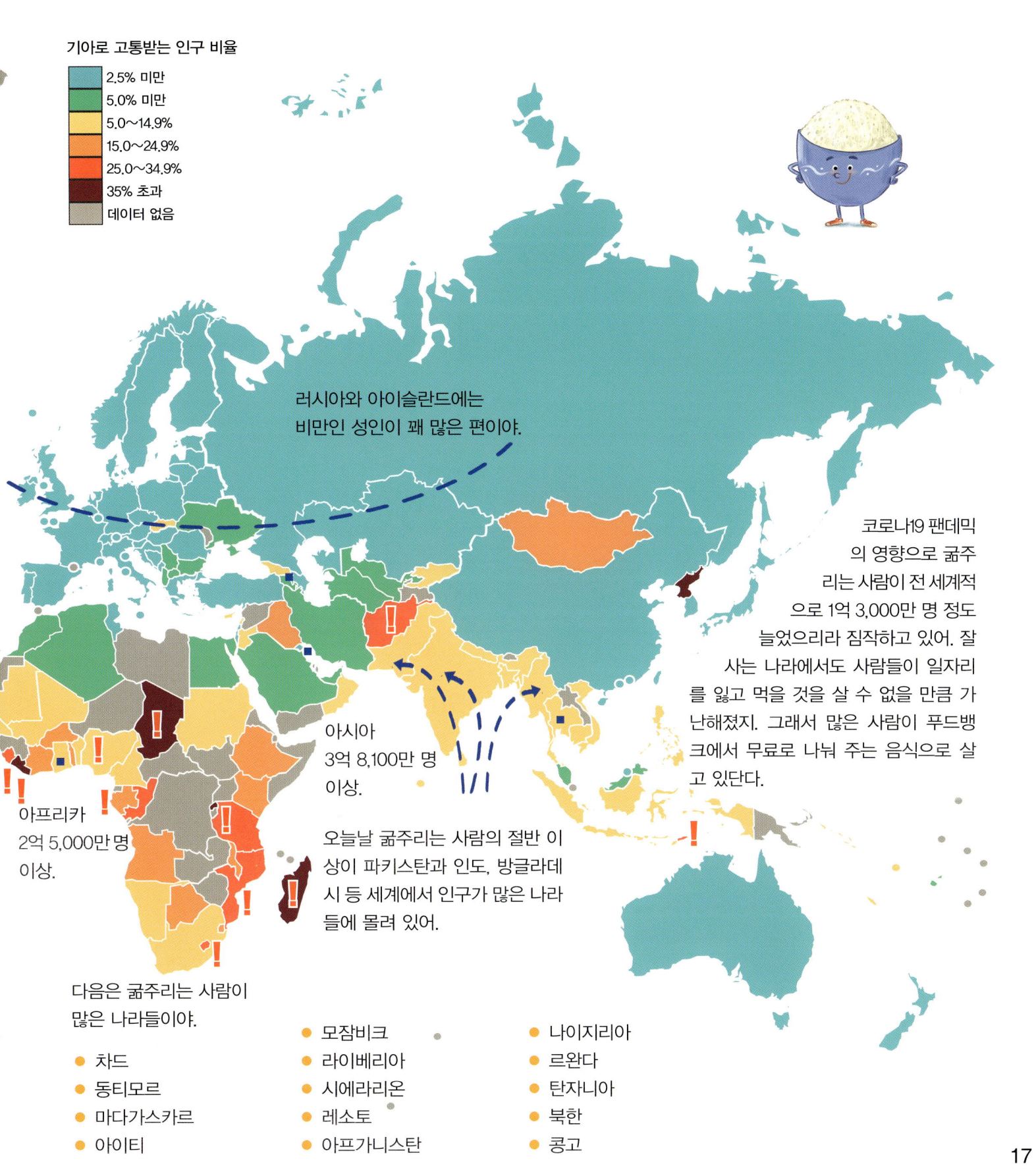

소농을 도와줘

소농(작은 규모로 농사짓는 사람)과 목축가(가축을 키우는 사람)와 어부는 세계 식량 가운데 약 70퍼센트를 공급하고 있어. 하지만 이들 역시 가난과 굶주림에 시달릴 위험에 처했지.

유엔은 이들이 생산하는 식량을 2배로 늘리고 소득도 높일 수 있도록 돕고 있어. 소농들이 서로 도울 수 있도록 협동조합을 만드는 것도 그 방법 중 하나야.

도움이 필요해

농부가 잘 먹지 못하면 몸이 약해져서 제대로 일을 할 수 없어. 일을 못 하는 기간이 길면 농작물을 생산하는 데 필요한 씨앗과 비료를 사지 못할 만큼 가난해져.

소농들은 새 장비를 사거나 고장이 난 기계를 고칠 돈이 없는 경우가 많아서 농작물의 수확량을 늘리기가 쉽지 않아. 수확한 곡물이나 축산물을 보관할 시설이 마땅치 않아서 팔기도 전에 썩는 일도 생기지.

소농이 돈을 많이 벌려면 농산물을 최대한 높은 가격에 팔아야 하지만, 가격이 너무 높으면 소비자에게 부담이 생겨. 예를 들면, 인도는 농축산물을 많이 생산하는 나라 중 하나이지만, 많은 사람이 농축산물을 충분히 살 돈이 없어서 굶주림에 시달리고 있어.

한 번 더 생각해 보기

매우 가난한 나라들에서 일자리를 찾아 도시로 떠나는 시골 남성이 늘고 있어. 그러면 남은 가족을 부양하는 것과 농사짓고 가축을 돌보는 일은 여성의 몫이 되는 거야. 갑자기 농사일을 떠맡은 여성은 농사짓는 방법을 모르는 경우가 많아. 글을 읽고 쓰지 못하고, 돈과 금융에 대한 지식이 부족할 수도 있지. 게다가 과학기술에 대한 지식이 모자라면 새로운 농사법을 찾거나 개선하기 어렵기 때문에 다른 농가에 비해 수확량도 떨어지고 가격 면에서도 경쟁하기가 쉽지 않단다.

소농을 돕는 손길 셋

전 세계 수많은 단체가 소농을 돕기 위해 힘을 모으고 있어.

1. 세계경제포럼은 농업 발전과 관련된 650개 단체를 모아 '농업을 위한 새로운 비전'이라는 사업을 이끌고 있어. 전 세계적으로 늘어나는 식량의 수요(물건 등을 사고자 하는 욕구)를 맞추고 기아 문제를 없애기 위해 소농들에게 수백만 달러를 투자하고 수천 개의 일자리를 만들었지. 그리고 농업 생산성과 농가의 소득을 높이면서 농사법을 지속 가능한 기술로 바꿔 가는 성과를 올렸단다.

2. 세계경제포럼은 또한 여러 단체를 모아 '식량 시스템 활동 플랫폼'을 만들어서 소농이 식량을 생산하는 과정 전체를 더 좋게 바꾸도록 돕고 있어. 농업 기술부터 농작물의 보관과 판매, 배송 방법까지 가르치고 있지.

3. '아프리카에서 농사짓는 여성들'이라는 단체는 여성들에게 농사의 모든 것을 가르치는 네트워크를 만들었어. 이 단체에 들어가면 농업 과학과 소통 기술을 배우고 서로의 경험을 공유할 수 있어. 이 단체의 표어는 바로 이거야. "걱정 마세요. 아프리카 여성들이 세계를 먹여 살릴 거예요."

걱정 마세요. 아프리카 여성들이 세계를 먹여 살릴 거예요.

새로운 농업 기술

많은 소농이 오래전부터 전해 내려온 전통적인 방식으로 농작물과 가축을 키우고 있어. 하지만 이런 방식이 언제나 가장 좋은 것은 아니야.

오늘날 빠르게 변하는 기후에는 맞지 않을 수 있기 때문에 농부도 농사법을 현대식으로 바꿀 준비를 해야 하지.

 ## 아는 것이 힘

과학자들은 50여 년 전부터 지구의 기후가 변할 거라고 경고했어. 날씨 패턴이 갑자기 바뀌자 농사짓기도 갈수록 어려워졌지. 하지만 매우 가난한 나라의 소농은 대부분 기후변화라는 위험으로부터 농작물을 지킬 만한 지식과 기술을 갖추지 못했어.

농작물과 가축을 키우려면 물이 무척 많이 필요해. 실제로 농업에 사용되는 물은 전 세계 물 사용량의 70퍼센트를 차지할 정도야. 하지만 많은 지역이 물 부족 문제를 겪고 있어. 농사를 잘 지어 보겠다는 농부의 희망을 앗아가는 극심한 가뭄이 발생하기도 하지.

선진국의 농부들은 첨단 기술과 전산 시스템을 이용해 농작물을 관리하고 가축을 돌보고 있어. 하지만 가난한 나라의 소농들은 여전히 더 느리고 비생산적인 옛날 방식에 의존하고 있단다.

다음은 현대화된 방법으로 대규모 농축산업을 키워 가고 있는 나라야.
- 중국 : 쌀, 밀, 채소, 과일, 차, 옥수수, 육류, 땅콩, 달걀, 꿀.
- 네덜란드 : 감자, 양파, 토마토, 고추.
- 인도 : 수수, 밀, 쌀, 콩류, 땅콩, 과일, 채소.
- 미국 : 옥수수, 대두, 밀, 아몬드, 감자, 닭고기.
- 브라질 : 사탕수수, 대두, 소고기, 옥수수, 커피, 오렌지, 파인애플, 파파야, 코코넛.

지구 마을 뉴스

새로운 농사법 셋

세계 곳곳에서 식량 문제를 해결하기 위해 새로운 농업 방식을 개발하고 있어.

1. 과학자들은 기후변화의 영향을 덜 받는 식물의 품종을 개발 중이야. 유전자를 변형해서 특정 질병에 걸리지 않거나 전보다 더 빨리 자라는 품종을 만들고 있지. 이것이 식량 문제의 해결책이 될 수도 있지만, 많은 나라가 안전이 확실해질 때까지 유전자 변형 품종의 사용을 금지하고 있어.

2. 전통적인 방식으로 농사를 지으려면 넓은 땅과 많은 물이 있어야 하지만 좁은 땅에서 전보다 훨씬 적은 물로 농사짓는 방법이 개발되었어. 거대한 온실에 선반을 여러 층으로 쌓아 농작물을 재배하는 '수직 농법'이야.

3. '스마트 농업'이라 부르는 기술 덕분에 전 세계적으로 농업 생산성이 높아지고 있어. 농장 주변에 설치한 센서가 날씨와 토질, 야생동물의 활동 등에 대한 정보를 모아 농부에게 보내면, 농부가 드론을 이용해 현장을 살핀 다음 원격 제어 장치로 농기계를 작동시키는 것이 대표적인 방법이지. 하지만 전기가 많이 들어서, 재생에너지 전기로 공급할 필요가 있어.

지속 가능한 농업

우리가 먹는 음식은 대부분 농작물과 가축에서 얻는 거야. 따라서 농축산업은 우리의 생존을 위해 꼭 필요할 뿐만 아니라 전 세계의 기아를 없애는 데 결정적인 열쇠가 된단다.

반대로 농업 때문에 환경이 파괴되는 면도 있어. 드넓은 논밭을 일구려면 나무를 베고, 물도 엄청 많이 써야 하거든. 또한 다양한 먹거리를 생산하는 과정에서 지구에 해로운 온실가스가 많이 나오기도 해.

 ## 농축산업의 해로운 뒷면

소의 트림이나 하품은 농축산업에서 나오는 메탄 배출량의 약 39퍼센트를 차지하고 있어. 하지만 이보다 조금 더 많은 메탄을 배출하는 것은 바로 논밭 그 자체란다. 질퍽한 논밭에 사는 작은 미생물이 엄청난 양의 메탄을 만들기 때문이지.

소를 키우는 축산업을 통해 고기를 얻을 뿐만 아니라 우유와 치즈, 요구르트 같은 유제품의 원료를 구할 수 있어. 그만큼 소는 중요한 식량 공급원이야. 하지만 소가 트림을 할 때마다 지구온난화에 많은 영향을 미치는 메탄을 내뿜어서 우리의 미래를 위태롭게 만들고 있어.

아주 많이 재배하지만 세계적인 기아 문제를 해결하는 데 별 도움이 안 되는 농작물도 있어. 그 대표적인 예가 미국의 중요한 농작물 중 하나인 옥수수야. 수확한 옥수수 중 40퍼센트 이상을 바이오연료와 동물 사료, 건강에 해로운 옥수수 시럽을 만드는 데 사용하기 때문이지.

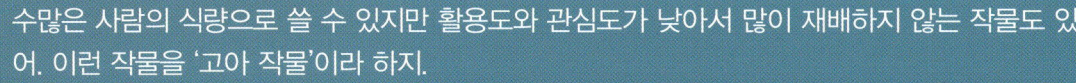

수많은 사람의 식량으로 쓸 수 있지만 활용도와 관심도가 낮아서 많이 재배하지 않는 작물도 있어. 이런 작물을 '고아 작물'이라 하지.
- 대추야자 : 열매에 여러 질병을 완화하는 성분이 들어 있어.
- 포니오 : 영양이 풍부하고 가뭄에 강해서 밀가루 대체 작물로 주목받고 있지.
- 아프리카 부채야자 : 열매와 씨앗부터 뿌리와 수액까지 먹을 수 있어.
- 모링가 : 가뭄에 잘 견디고 잎부터 뿌리까지 모든 부위를 활용할 수 있는 작물이야.
- 우구 : 아프리카의 호박잎인데 영양이 많아. 날것으로 먹을 수도 있고 익혀 먹어도 되지.
- 초콜릿베리, 인도대추, 사푸(아프리카 배) 등을 비롯한 약 3,000종의 아프리카 야생 과일나무.

지속 가능한 대체 식량 셋

많은 농부들이 환경에 좋은, 지속 가능한 식량을 생산하는 방법을 찾기 위해 노력하고 있어.

1. 해초는 지속 가능성이 높은 바다 식물이야. 매우 빨리 자라는데다 수확하기도 쉽고 영양가도 높거든. 게다가 바닷속 이산화탄소를 흡수하고 산소를 내뿜는 유익한 식물이지. 최근에는 바다고리풀이라는 해초를 소의 사료에 넣으면 소의 트림에서 나오는 메탄양을 80퍼센트 이상 줄일 수 있다는 사실을 알아냈어.

2. 곤충 역시 적은 비용으로 생산할 수 있는 지속 가능한 식량이야. 말린 메뚜기와 거저리, 귀뚜라미는 단백질과 섬유질, 지방, 미네랄이 풍부하지. 여러 식품 대기업들이 곤충으로 만든 식품을 판매할 계획이야.

3. 네덜란드 농부들은 일찍이 지속 가능한 농사법을 쓰겠다고 약속했어. 2000년부터 핵심 농작물에 쓰이는 물의 양을 90퍼센트까지 줄이고, 온실에서 자라는 작물에 화학 살충제를 거의 사용하지 않고 있지.

논밭에서 식탁까지

우리가 먹는 음식은 재배되는 논밭에서부터 식탁 위 그릇에 놓이기까지 긴 여행을 해. 논밭과 식탁 사이에는 여러 단계로 이루어진 공급망이 있지. 각 단계마다 여러 사람이 일하기 때문에 농산물의 생산 비용이 올라가는 거야.

준비

무엇보다 먼저 곡물을 재배하고 가축을 키울 땅을 마련해야 해. 그 뒤에 중장비와 농기계를 사용해 논밭을 일구어야 하지. 그 다음 비료를 뿌려서 땅을 비옥하게 만드는 거야.

재배

농사를 지으려면 씨앗을 뿌린 다음 물을 주고, 가축을 키우려면 열심히 먹여야 해. 작물과 가축 모두 시장에 팔 수 있을 때까지 매일매일 세심하게 관찰하고 돌봐야겠지? 그리고 농작물이 다 자라면 손이나 커다란 기계를 사용해 수확하는 거야.

보관 및 처리

농작물을 수확했다면 이제 깨끗하게 처리하고 꼼꼼하게 관리할 차례야. 신선도를 유지하려면 알맞은 용기나 장소를 골라 적정한 온도를 맞춰 보관해야 하지. 농산물 가공업은 날것 상태의 농산물을 가공해 제품을 만드는 거야. 예를 들면 밀을 갈아 밀가루를 만드는 식이지. 가공업자는 식품을 신선하게 보관하기 위해 얼리거나 보존제를 첨가해.

포장

식품을 포장하는 시설과 공장에서 사용하는 모든 장비를 깨끗하고 위생적으로 관리하는 것이 중요해. 날것 그대로의 농산물과 가공식품은 따로 포장하고 라벨도 다르게 표시하지.

식품의 다양한 포장재
- 유리병, 단지
- 금속 캔, 쟁반, 랩
- 마분지 상자, 종이봉투
- 플라스틱 상자, 페트병, 비닐

재활용이 가능한 포장재를 쓰면 지속 가능한 발전에 도움이 될 거야.

운송

식품은 화물차와 선박, 항공기 등 다양한 방법으로 운반할 수 있지만 어떤 경우에도 식품을 넣는 컨테이너를 깨끗하게 관리하는 것이 기본이야. 운송할 때는 식품이 썩지 않도록 내부 온도를 조절하고, 운송 과정 전체를 추적할 수 있어야 해.

판매

매장 관리자는 소비자가 살 만한 식품을 주문하는 역할도 맡아. 여기에 수요와 공급의 원리가 작동하는 거야. 수요보다 공급이 많으면 가격이 내려가고, 공급보다 수요가 많거나 제품을 구하기 어려우면 가격이 올라가지. 일단 매장까지 식품을 운송하면, 보관 기간이 긴 제품은 진열대 위나 뒤쪽에 배치해. 보관 기간이 짧은 신선 제품을 먼저 눈에 띄게 해서 버려지는 식품을 줄이기 위해서야.

음식물 쓰레기

굶는 사람이 많은데도 전 세계에서 생산되는 음식의 3분의 1이 버려지고 있어. 해마다 약 13억 톤이나 되는 음식이 소비되지 않고 사라지는 거야.

열악한 농업 방식이나 적절하지 않은 보관 및 운송 방법 때문에 음식이 그냥 썩는 경우도 많아. 어떤 음식은 찾는 사람이 없어서 쓰레기통으로 버려지기도 하지.

 ## 너무 아까워

음식물 쓰레기를 처리하는 데만 1년에 수십조 원이 들고 있어. 유엔식량농업기구에 따르면, 매장에 도착하기 전에 버려지는 식품이 전체 식품 생산량의 30~40퍼센트나 돼.

영국을 비롯한 여러 선진국에서는 과일과 채소의 40퍼센트가 생산지에서 그냥 버려지고 있어. 크기나 모양, 색깔이 좋지 않거나 흠이 있어서 내다 팔기에는 무리라고 판단된 것들이지.

신선 식품은 운송할 때나 매장에 진열한 다음에도 제대로 관리하지 않으면 쉽게 상할 수 있어. 포장하지 않은 오이는 사흘만 지나도 마르고 맛이 없어지지. 포도는 낱알을 다 떼서 보관하면 금방 무르기 때문에 송이째 종이나 그릇에 보관하는 것이 좋아.

지구 마을 뉴스

농작물을 충분히 생산하지 못하거나 팔지 못하면 농부들이 돈을 벌기 힘들어. 수요보다 생산량이 많아도 가격이 떨어져서 기대한 만큼 수익을 올릴 수 없지. 그래서 유럽에서는 농산물의 적정한 가격을 유지하기 위해 약 1,300만 톤의 쌀과 기타 곡물, 설탕, 우유 등을 팔지 않고 잉여 농산물로 저장하고 있어.

음식물 쓰레기를 줄이는 방법 셋

국제적인 음식물 쓰레기 문제를 해결하기 위해 수많은 나라와 단체가 다양한 방법을 시도하고 있어.

1. 프랑스는 식당에서 남은 음식을 포장해 주는 것을 의무로 정했어. 노르웨이는 친환경 비료를 만들 수 있도록 음식물 쓰레기를 팔아. 한국은 음식물 쓰레기 종량제를 실시해서 많이 버릴수록 그 비용이 늘어나지. 독일에서는 유통기한이 가까워졌거나 라벨을 잘못 붙인 식품을 아주 싸게 팔고 있어.

2. 많은 나라가 농산물 가격을 안정시키기 위해 농산물의 최저 가격을 보장하고 있어. 이 정책으로 농부를 보호하고 농산물의 생산량을 알맞게 조절하는 거야.

3. '어필'이라는 미국 회사는 비닐 포장재의 사용을 줄이면서 농산물을 신선하게 관리하는 방법을 찾아냈어. 아보카도와 레몬 등에서 추출한 물질로 몸에 해롭지 않은 '식물성 코팅제'를 개발한 거야. 이 덕분에 망고를 재배하는 케냐의 농부들은 값비싼 냉장고가 없어도 망고를 더 오래, 더 신선하게 보관할 수 있게 되었지.

4. 영국의 '리얼정크푸드 프로젝트'라는 단체는 버려지는 식자재로 맛있는 음식을 만들어서 학교와 자선단체에 기부하고 있어.

쓰레기통이 아니라 배 속으로!

벌과 씨앗

식물은 없어서는 안 될 식량 공급원이야. 과일과 채소를 비롯해 우리에게 고기를 제공하는 동물의 사료도 식물에서 얻을 수 있으니까. 그런데 식물의 번식에 꼭 필요한 것 중 하나가 바로 벌이란다. 벌이 이 꽃 저 꽃 날아다니며 수술의 꽃가루를 암술머리에 묻혀 주거든. 이런 꽃가루받이를 통해 식물이 씨앗을 만드는 거야. 그리고 모든 식물은 씨앗에서 자라나지. 따라서 벌과 함께 씨앗도 보호해야 해.

멸종 위기 식물

기후변화로 인해 전 세계적으로 벌의 서식지가 파괴되고 있어. 기온이 너무 빨리, 너무 많이 변하면서 벌이 죽어 나가는 거야. 게다가 다른 나라에서 들어온 외래종이 토종벌을 위협하고 있지만, 아직까지 이것을 완전히 막을 방법이 없는 상황이지.

전 세계 농작물 중 75퍼센트는 벌처럼 꽃가루를 운반하는 매개자가 없으면 번식할 수 없어. 그런데 농작물에 피해를 주는 해충과 박테리아를 죽이기 위해 뿌리는 살충제와 농약 때문에 꽃가루 매개 곤충이 멸종 위기에 처했단다.

현재 많은 식물이 멸종 위기 상태야. 기후변화로 홍수와 가뭄 같은 자연재해가 더 자주, 더 거대하게 일어나면서 수많은 식물종이 질병에 취약하게 됐지. 또한 인공적인 화학물질을 쓰면서 토양이 오염되어 식물의 성장에 더 나쁜 영향을 끼치고 있어.

노르웨이의 스발바르에 있는 국제종자저장고는 전 세계에서 모은 식물의 종자, 즉 씨앗을 약 100만 종 보관하고 있어. 한국도 국립백두대간수목원 안에 세계 두 번째로 종자저장고를 세워 각국의 씨앗을 수집 중이야. 종자저장고는 자연재해나 기후변화, 전쟁 등으로 농작물과 야생식물이 멸종할 것을 대비해 씨앗을 영구적으로 보관하기 위해 만든 시설이란다.

지구 마을 뉴스

식물종을 보호하는 노력 셋

벌과 씨앗을 보호하는 것 역시 세계의 기아를 없애는 데 도움이 되는 일이야.

1. 5월 20일은 '세계 벌의 날'이야. 벌을 비롯한 꽃가루 매개자의 중요성을 알리기 위한 기념일이지. 많은 나라에서 수십 가지 토종 야생화 씨앗을 흙과 퇴비에 섞은 '씨앗 공'을 팔고 있어. 콩알만 한 씨앗 공은 땅에 심을 필요 없이 정원이나 화분에 뿌리기만 해도 벌이 즐겨 찾는 꽃이 피어나지.

2. 종자은행은 다양한 식물의 멸종을 막는 데 결정적인 역할을 하고 있어. 2020년 호주에서 발생한 산불로 '클로버글리신'이라는 희귀 식물의 주요 서식지가 파괴됐어. 하지만 영국의 밀레니엄 종자은행에 미리 씨앗을 보내 둔 덕분에 250개를 다시 받아서 서식지를 복원할 수 있었지.

3. 국제종자프로그램은 세계의 기아 문제를 해결하기 위해 전 세계 사람들에게 좋은 씨앗을 제공하고 스스로 작물을 재배할 수 있도록 교육하는 국제단체야. 특히 가난한 지역사회의 사람들에게 영양이 풍부한 채소를 직접 키워 먹도록 권하며, 수확한 농작물을 팔아 소득을 올리는 방법도 알려 주고 있어.

세계식량계획

세계식량계획은 전 세계에서 기아를 줄이고 사람들의 생명을 구하는 것을 목표로 1961년에 설립된 유엔 기구야. 전쟁과 분쟁, 자연재해와 흉작 등으로 굶주리는 사람에게 식량을 제공해 온 이 기구는 이제 세계 최대 인도주의 단체가 되었지. 세계식량계획은 1년에만 88개국 9,700만 명이 영양 상태를 개선하고 무너진 일상을 회복하도록 돕고 있단다.

2019년, 라오스의 외딴 시골에 사는 사진 속 여자아이를 비롯해 50개국 약 1,730만 어린이를 위해 학교급식을 제공했지.

세계식량계획은 하루 평균 약 5,600대의 트럭과 30대의 선박, 100대의 비행기를 이용해 도움이 필요한 사람들에게 식료품과 구호품을 보내고 있어.

2020년, 전쟁으로 피폐해진 나라의 사람들이 다시 일어서도록 돕고, 식량이 전쟁 무기로 사용되지 못하도록 노력한 것과 기아를 없애는 데 앞장선 공로를 인정받아 노벨 평화상을 받았어.

전쟁으로 폐허가 된 예멘에서는 영양실조에 걸린 아이들을 집중적으로 돕는 긴급 구호 활동을 펼치고 있어.

세계식량계획의 '셰어더밀(Share The Meal, 음식을 나누자)' 애플리케이션을 이용하면 굶주리는 아이들을 위해 후원금을 낼 수 있어. 1,000원도 안 되는 돈으로 아이 1명에게 하루 끼니를 제공할 수 있단다.

니제르 등 몇몇 나라에서는 인도적 지원 카드로 세계식량계획이 주는 현금을 받을 수 있어. 사람들이 이 돈으로 음식을 사 먹으면 지역의 경제가 발전하는 데도 도움이 되지.

성공적인 모범 사례

많은 나라가 세계에 굶주리는 사람이 없도록 노력하면서 큰 성과를 거두고 있어. 그중 이스라엘과 프랑스, 부룬디의 이야기를 소개할게.

이스라엘의 건강한 식단

이스라엘은 건강한 식단으로 손꼽히는 나라 중 하나야. 이스라엘 사람들은 과일과 채소, 생선을 아주 많이 먹어. 고기 대신 통곡물을 더 좋아하지. 지방은 올리브와 견과류, 아보카도 등 주로 식물성 식품에서 섭취하고 있어. 삶은 병아리콩을 으깨서 레몬주스, 마늘, 소금, 올리브유와 버무린 전통 음식 후무스에는 단백질과 탄수화물, 섬유질이 골고루 들어 있어.

음식물 쓰레기를 줄인 프랑스

2016년, 프랑스는 대형 식료품점이 먹을 수 있는 식품을 버리는 것을 금지했어. 그 대신 판매하기는 어려워도 먹는 데 문제가 없는 식품을 자선단체에 기부하도록 했지. 프랑스는 세계은행이 세계 각국의 농업과 농산물 유통을 지원하는 정책을 평가하는 '농산업 환경진단'에서 최고점을 받았어. 또한 세계에서 비만율이 낮은 나라 중 하나이기도 해.

기아를 줄인 부룬디

세계기아지수를 보면, 부룬디는 아주 심각한 기아에 시달리는 나라야. 이런 어려운 상황에서도 부룬디는 국민의 영양 결핍과 기아를 줄이는 성과를 거두고 있어. 그리고 국민이 깨끗한 물과 위생 시설을 쉽게 이용하도록 노력하면서 농업 부문의 예산을 늘리고 있단다.

아직 남은 과제

다음 나라들은 해결하지 못한 문제를 위해 조금 더 노력해야 해.

우즈베키스탄 : 건강하지 않은 식단
호주 : 음식물 쓰레기
미국 : 비만
중국 : 과도한 농약 사용
차드 : 기아 및 식량 불안정

생활 속 실천 방법 셋

우리도 세계의 기아 문제를 해결하는 데 도움을 줄 수 있어.
1. 지역 농산물을 먹고 동네 시장 이용하기.
2. 지속 가능한 음식 먹기.
3. 남은 음식을 버리는 대신 퇴비로 만들어 쓰기.

찾아보기

거식증 10
공급망 24
국립백두대간수목원 28
국제구조위원회 14
국제의료봉사단 11
국제종자저장고 28
국제종자프로그램 29
기근 10, 11, 14
기반 시설 6
기후변화 6, 14, 15, 20, 21, 28
꽃가루받이 28
노벨 평화상 31
녹색기후기금 15
농업을 위한 새로운 비전 19
단백질 8, 9, 13, 15, 23, 32
리얼정크푸드 프로젝트
(The Real Junk Food Project) 27
메뚜기 14, 15, 23
메탄 22, 23
멸종 28, 29
미네랄 8, 9, 10, 23
밀레니엄 종자은행 29
바다고리풀 23
발육 부진 10, 14
비만 9, 12, 16, 17, 32

비타민 9, 10
빈곤 6
섬유질 8, 9, 23, 32
세계경제포럼 19
세계보건기구(WHO) 8
셰어더밀(Share The Meal) 31
수직 농법 21
스마트 농업 21
식단 7, 8, 12, 16, 32
식량 시스템 활동 플랫폼 19
아프리카에서 농사짓는 여성들 19
액션 어게인스트 헝거(Action Against Hunger) 11
어필 27
영국의학협회 13
영양 개선을 위한 유엔의 실천 10개년 13
온실가스 22
유럽연합 집행위원회 13
유엔안전보장이사회 15
유엔(UN) 14, 16, 18, 30
유엔식량농업기구 26
인도주의 단체 30
자선단체 11, 27, 32
종자은행 29
지구온난화 22
지방 8, 9, 12, 13, 23, 32

지속 가능한 식량 23
체질량 지수 12
탄수화물 8, 9, 13, 32
해초 23
세계식량계획 30, 31

글 | 새런 테일러
작가이자 교사로 골드스미스대학교와 데몬트포트대학교에서 공부하고, 2006년에 박사 학위를 받았습니다. 브램블키즈 출판사에서 출간한 여러 과학 책과 연극·예술 관련 책에서 작가이자 편집자, 디자이너로 활약했습니다.

그림 | 엘리사 로치
이탈리아 볼로냐에서 태어났습니다. 어릴 때부터 그림 그리기와 이야기 짓기를 좋아했고, 볼로냐의 예술 고등학교와 예술 아카데미에 다니면서 그림 기법을 닦았습니다. 현재 밀라노에서 살며 어린이 책의 삽화를 그리고 있습니다.

옮김 | 김영선
서울대학교 영어교육과를 졸업하고, 미국 코넬대학교에서 문학 석사 학위를 받았으며 언어학 박사 과정을 수료했습니다. 2010년 《무자비한 윌러비 가족》으로 IBBY(국제아동도서위원회) 어너리스트(Honour List) 번역 부문의 상을 받았습니다. 어린이와 청소년을 위한 책을 우리말로 옮기는 일에 힘쓰며 지금까지 200여 권을 번역했습니다. 옮긴 책으로 《제로니모의 환상 모험》, 《구덩이》, 《수상한 진흙》, 《수요일의 전쟁》 등이 있습니다.

감수 | 윤순진
서울대학교 환경대학원 교수이며 한국환경사회학회 회장과 지속가능발전위원회 위원장을 역임하였습니다. 환경 에너지 문제와 기후변화 문제를 환경사회학과 정치경제학적 관점에서 연구하고 있으며, 국내외 학술지에 200여 편의 논문을 게재했고 60여 권의 국영문 단행본 출간에 공저자로 글을 발표하였습니다.

슬기로운 지구 생활
07 굶지 않는 세상

초판 1쇄 인쇄 2022년 5월 4일 **초판 1쇄 발행** 2022년 5월 25일

글쓴이 새런 테일러 **그린이** 엘리사 로치 **옮긴이** 김영선 **감수** 윤순진
펴낸이 김선식

경영총괄 김은영
어린이사업부총괄이사 이유남
어린이콘텐츠사업6팀장 윤지현 **어린이콘텐츠사업6팀** 강별
어린이디자인팀 남희정 남정임 이정아 김은지 최서원
어린이마케팅본부장 김창훈 **어린이마케팅1팀** 임우섭 최민용 김유정 송지은 **어린이 마케팅2팀** 문윤정 이예주
저작권팀 한승빈 김재원 이슬
경영관리본부 하미선 이우철 박상민 윤이경 김재경 최완규 이지우 김혜진 오지영 김소영 안혜선 김진경
물류관리팀 김형기 김선진 한유현 민주홍 전태환 전태연 양문현
외부스태프 편집 홍효은 **디자인** 러비

펴낸곳 다산북스 **출판등록** 2005년 12월 23일 제313-2005-00277호
주소 경기도 파주시 회동길 490 **전화** 02-704-1724 **팩스** 02-703-2219
다산어린이 카페 cafe.naver.com/dasankids **다산어린이 블로그** blog.naver.com/sdasan
용지 한솔피엔에스 **인쇄** 한영문화사 **제본** 대원바인더리 **코팅 및 후가공** 평창피앤지

ISBN 979-11-306-8898-5 74400 979-11-306-8891-0 (세트)

* 책값은 표지 뒤쪽에 있습니다.
* 파본은 본사와 구입하신 서점에서 교환해 드립니다.
* KC마크는 이 제품이 공통안전기준에 적합하였음을 의미합니다.

All Together : No Hunger
Copyright © 2021 BrambleKids Ltd
Korean translation copyright © 2022 Dasan Books
Korean translation rights arranged with BrambleKids Ltd through LENA Agency, Seoul.
All rights reserved.

이 책의 한국어판 저작권은 레나 에이전시를 통한 저작권자와 독점계약으로 다산북스가 소유합니다.
신저작권법에 의하여 한국 내에서 보호를 받는 저작물이므로 무단 전재 및 복제를 금합니다.

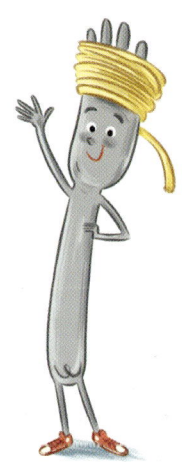